Verbände in der Wirtschaft

Von

Dipl.-Kfm. Eva Werner

Inhaltsverzeichnis

ISBN 978-3-409-60391-1 ISBN 978-3-322-86380-5 (eBook)
DOI 10.1007/ 978-3-322-86380-5

A. Einführung in den Problemkreis

Lernziel:

Nachdem Sie dieses Kapitel durchgearbeitet haben, sollen Sie folgendes können:

— den Begriff Verband kennen,

— die Bedeutung der Verbände in der Bundesrepublik aufzeigen.

I. Zum Begriff des Verbandes

Die Auseinandersetzung mit Fragen zum Verbandsgeschehen in der Wirtschaftsordnung der Bundesrepublik erfordert zunächst einige begriffliche Erläuterungen, da es in diesem Bereich bisher noch nicht gelungen ist, zu einer allgemein anerkannten Definition des Verbandes zu gelangen. Deshalb sollen hier Merkmale genannt werden, die in ihrem Zusammentreffen am ehesten geeignet erscheinen, den Begriff **„Verband‘** zu umreißen. **Definitionsbestandteile** sind demnach:

- Zusammenschluß von Einzelpersonen — und/oder juristischen Personen — mit gleicher Interessenlage[1]) auf einem abgegrenzten Gebiet; daraus ergibt sich als

- **Hauptzweck des Verbandes:**

  Vertretung der Mitgliederinteressen.

- Aus der Zwecksetzung des Verbandes a b g e l e i t e t e A u f g a b e n
- Eine festgelegte Organisationsform, die sowohl die interne Struktur als auch die Vertretung nach außen verbindlich regelt.
- Es bestehen Normen für das Handeln der Mitglieder, die aus der Zielsetzung des Verbandes abgeleitet sind[2]).

Die gemeinsamen Interessen der Mitglieder als Grundlage der Verbandsarbeit zeigen, daß die Begriffe Verband und Interessenverband gleichbedeutend verwendet werden können. Häufig finden sich im Sprachgebrauch über Verbände auch die Termini l o b b y und p r e s s u r e g r o u p, wenn der starke Einfluß von Interessenverbänden auf Regierung und Parlament verdeutlicht werden soll. Damit wird eine Funktion, nämlich die Einbringung der Interessen in den politischen Entscheidungsprozeß in den Mittelpunkt gestellt, während die übrigen Verbandsarbeiten in den Hintergrund treten.

1) Gleiche Interessenlage bedeutet nicht, daß keine unterschiedlichen Vorstellungen bei den Mitgliedern darüber vorliegen, welche Mittel zur Erreichung der Ziele eingesetzt werden sollen; darüber hinaus können auch mitunter divergierende Interessen auftreten.

2) Das Bestehen solcher Normen zeigt sich am deutlichsten in der Ausschlußfreiheit der Verbände gegenüber ihren Mitgliedern, d. h., der Verband ist berechtigt, Mitglieder auszuschließen, die verbandswidriges Verhalten gezeigt haben.

II. Die Rolle der Verbände in der Ordnung der Bundesrepublik

Die Bedeutung, die den Verbänden im politischen Leben der Bundesrepublik zukommt, ist aus der demokratischen Verfassung der Bundesrepublik zu erklären. Der Prozeß der politischen Willensbildung vollzieht sich nicht allein im Parlament, sondern vor allem auch durch die Artikulation der unterschiedlichen Interessen der Bevölkerung. Hier ist auch der Standort der Verbände zu sehen, da eine ihrer wesentlichen Aufgaben darin besteht, durch die Aggregation von Interessen diesen politisches Gewicht zu verleihen; dem einzelnen Bürger ist es in der parlamentarischen Demokratie kaum möglich, bestimmte Interessen als Individuum zu vertreten.

Durch seine Mitgliedschaft in einem Verband können jedoch seine individuellen Einzelinteressen Berücksichtigung finden. Von daher ist es auch erklärlich, daß ein einzelner Mitglied in mehreren Verbänden sein kann, um seine unterschiedlichen Vorstellungen repräsentiert zu sehen. So kann ein Arbeiter beispielsweise Mitglied einer Gewerkschaft und gleichzeitig Mitglied eines Verbraucherverbandes sein, da die Gewerkschaft vordringlich seine Interessen als Arbeitnehmer, der Verbraucherverband dagegen seine Interessen als Konsument vertritt[3]).

Die **Funktion der Verbände,** die Interessen ihrer Mitglieder zu vertreten, kann man in folgende Teilbereiche gliedern[4]):

- Artikulation der Interessen in einer stark differenzierten Gesellschaft.
- Einflußnahme auf Institutionen (Parlament, Regierung, Verwaltung), die Entscheidungen treffen können. Das ist immer dann von Bedeutung, wenn die Verbände selbst keine Entscheidungsbefugnis haben (z. B. im Rahmen der Gesetzgebung).
- Interne Zielfindung und Abstimmung der eigenen Interessen mit denen anderer Verbände.

Neben diesen Funktionen haben einzelne Verbände auch ordnungspolitische Aufgaben zu übernehmen. Hier sind vor allem die Tarifpartner zu nennen, die im Rahmen der Tarifautonomie Rechtsetzungsgewalt haben, da die in den Tarifverträgen festgesetzten Regelungen nach dem Tarifvertragsgesetz für die tarifgebundenen Arbeitnehmer und Arbeitgeber bindend sind.

Die Rolle der Verbände ist in der westdeutschen Demokratie jedoch keineswegs unproblematisch. Je mitglieds- oder finanzstärker ein Verband ist, um so größer ist sein Einfluß auf die politische Willensbildung.

Dieser Einfluß zeigt sich beispielsweise schon vor den Wahlen zum Bundestag. Die Parteien werden entweder finanziell im Wahlkampf unterstützt oder aber der Verband versucht mehr oder minder direkt, seine Mitglieder zur Wahl einer bestimmten Partei aufzufordern. Darüber hinaus zeigt sich, daß viele

---

3) Anders verhält es sich dagegen, wenn ein Bürger einer bestimmten politischen Partei beitritt. Hier wird er sich für die Partei entscheiden, von der er annimmt, daß sie am ehesten durch ihr Programm seinen unterschiedlichen Interessen gerecht wird.

4) Die Zusammenstellung ist übernommen aus: Informationen zur politischen Bildung 145: Interessenverbände in der Bundesrepublik Deutschland, hrsg. von der Bundeszentrale für politische Bildung, Bonn 1974.

Parlamentarier Mitglieder oder Funktionäre von Verbänden sind. Diese Parlamentarier haben häufig eine schwierige Position, da sie einerseits zwar laut Grundgesetz nicht an Weisungen und Aufträge gebunden sind, andererseits jedoch ihren Verbänden gegenüber zur Loyalität verpflichtet sind.

Problematisch kann auch der Einfluß von Verbänden auf Regierung und Verwaltung sein, sobald er sich nicht auf Anhörung und Beratung beschränkt. Die Regierung hat die Aufgabe, eine dem Gemeinwohl dienende Politik zu betreiben. Dieser Aufgabe kann sie aber nur schwer gerecht werden, wenn sie von einzelnen starken Verbänden massiv unter Druck gesetzt wird (z. B. durch Manipulation der öffentlichen Meinung).

Die unterschiedliche Macht der Verbände, die eine Folge ihrer Finanzkraft oder Mitgliederstärke ist, beeinflußt wesentlich das Zustandekommen politischer Entscheidungen. Kleinere Verbände oder aber Bevölkerungsgruppen, die keinem Verband angehören, haben kaum Möglichkeiten, den Prozeß politischer Willensbildung nennenswert zu beeinflussen.

III. Abgrenzung der Verbände in der Wirtschaft

Wenn in dieser Arbeit von Verbänden in der Wirtschaft gesprochen wird, so heißt das, daß Verbände, die ausschließlich humanitäre, ideelle oder politische Zielsetzungen verfolgen, hier keine Berücksichtigung finden.

Mit Verbänden in der Wirtschaft sind vielmehr solche Gruppen angesprochen, die in erster Linie materiell-ökonomische Interessen ihrer Mitglieder vertreten und aus dem Bereich der Wirtschaft stammen.

Eine voll befriedigende Systematisierung dieser Verbände kann kaum gelingen, da es fast keine Kriterien gibt, die einer eindeutigen Abgrenzung zugrunde gelegt werden können. Um die Verbände in der Wirtschaft klassifizieren zu können, lassen sich z. B. folgende Unterscheidungsmerkmale heranziehen:

Autonome Verbände/Zwangsverbände;

Mitgliederzahl;

Rechtsform;

Verbandsziel.

Eine Einteilung nach diesen Kriterien kann jedoch nicht ganz befriedigen, da die Merkmale nicht völlig unabhängig voneinander sind. Außerdem liefern sie keine ausreichenden Anhaltspunkte dafür, welche Verbände im Bereich der Wirtschaft von wesentlicher Bedeutung sind. Legt man als Unterscheidungsmerkmal die Zugehörigkeit der Verbandsmitglieder zu einer volkswirtschaftlich bedeutenden Gruppe zugrunde, so lassen sich folgende Verbände unterscheiden:

a) Unternehmensverbände, zu denen die Arbeitgeberverbände, die Wirtschaftsfachverbände, die Industrie- und Handelskammern und die Handwerkskammern gezählt werden können;

b) Arbeitnehmerverbände
Gewerkschaften, Arbeitnehmerkammern;

c) Verbraucherverbände.

Unter diese Systematik lassen sich aber nicht alle Verbände im Bereich der Wirtschaft subsummieren. So fehlen hier noch einige Verbände, die häufig zusammen mit den Gewerkschaften zur Gruppe der erwerbsständigen Verbände gezählt werden:

— Verbände der Landwirtschaft,
— Handwerksverbände (die Handwerkskammern können sowohl zu den erwerbsständigen als auch zu den Unternehmungsverbänden gezählt werden),
— Verbände der freiberuflich Tätigen (Ärzte, Philologen, Rechtsanwälte usw.).

Der Begriff „erwerbsständig" rührt daher, daß diese Verbände nicht nur die der Erwerbsstellung ihrer Mitglieder entsprechenden Interessen vertreten, sondern auch ein bestimmtes Standesbewußtsein pflegen.

Im folgenden soll jedoch nur auf die drei oben genannten Verbände näher eingegangen werden.

Fragen:

1. Wie läßt sich der Begriff Verband definieren oder an Hand einzelner Merkmale beschreiben?
2. Welche generellen Funktionen haben Verbände und wie läßt sich daraus ihr Einfluß auf den politischen Entscheidungsprozeß erklären?

B. Die Verbände der Unternehmungen

Lernziel:

> Nachdem Sie dieses Kapitel durchgearbeitet haben, sollten Sie die Unternehmungsverbände an Hand ihrer Verbandsaufgaben unterscheiden können.

Im Bereich der Unternehmungsverbände lassen sich drei Typen unterscheiden, wenn der Verbandszweck als Kriterium herangezogen wird:

- Arbeitgeberverbände,
- Wirtschaftsfachverbände,
- Kammern der Gewerbetreibenden und der Handwerker.

Der Zusammenschluß der Unternehmungen in Arbeitgeberverbänden vollzog sich unter der Zwecksetzung der Wahrung ihrer sozialpolitischen Belange als Arbeitgeber.

Daneben existieren eine Vielzahl von Verbänden, deren Aufgabe die Repräsentation der wirtschaftlichen Ziele von Unternehmungen einer Branche ist; diese Verbände werden Wirtschaftsfachverbände genannt.

Während die Mitgliedschaft in den ersten beiden Vereinigungen freiwillig ist, besteht bei den Kammern eine Zwangsmitgliedschaft. Die Aufgaben der

Die Organisation der gewerblichen Wirtschaft

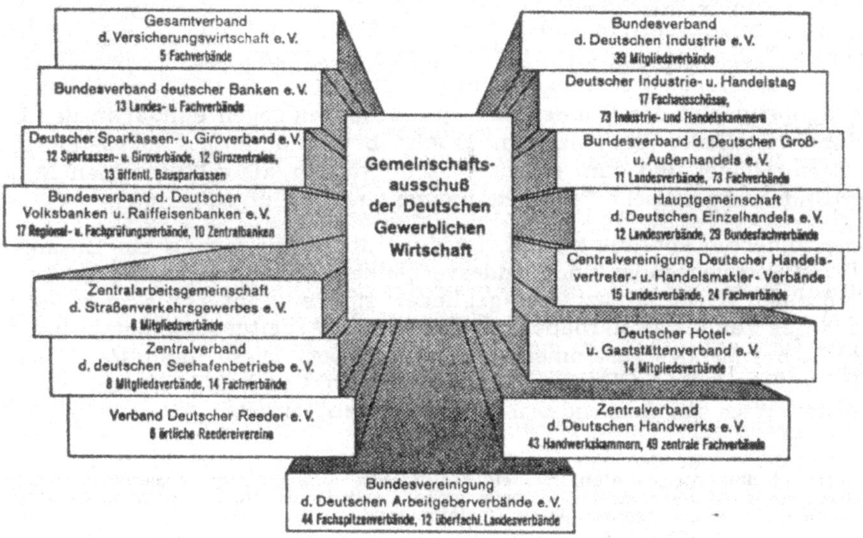

Kammern sind gesetzlich geregelt; so wird im Gesetz zur vorläufigen Regelung des Rechts der Industrie- und Handelskammern als Aufgabe genannt, das Gesamtinteresse der Gewerbetreibenden ihres Bezirks wahrzunehmen, wobei wirtschaftliche Einzelinteressen ausgleichend zu berücksichtigen sind.

Die Spitzenverbände dieser drei Vereinigungen haben sich zum Gemeinschaftsausschuß der gewerblichen Wirtschaft zusammengeschlossen, dessen Zusammensetzung das Schaubild auf Seite 7 zeigt.

Jedes Unternehmen kann nun Mitglied in allen drei Verbänden sein, wobei die Mitgliedschaft in der Kammer ja ohnehin obligatorisch ist.

I. Die Arbeitgeberverbände

Arbeitgeberverbände sind freiwillige Zusammenschlüsse von Unternehmen bzw. Unternehmungen, deren Hauptzweck darin besteht, die sozialpolitischen Interessen ihrer Mitglieder zu vertreten.

In der Satzung ihres Spitzenverbandes, der **Bundesvereinigung der Deutschen Arbeitgeberverbände (BDA)** kommt dies deutlich zum Ausdruck: § 1 „Zur Wahrung ihrer gemeinschaftlichen sozialpolitischen Belange bilden die sozialpolitischen Organisationen der Arbeitgeber ... eine Arbeitsgemeinschaft." Das Aufgabengebiet der BDA wird folgendermaßen umrissen: § 2 „Die Bundesvereinigung hat die Aufgabe, solche gemeinschaftlichen Belange zu wahren, die über den Bereich eines Landes oder den Bereich eines Wirtschaftszweiges hinausgehen und die von grundsätzlicher Bedeutung sind."

Hier zeigt sich der Unterschied zwischen dem Aufgabenfeld des Dachverbandes BDA und den einzelnen Arbeitgeberverbänden.

Die **Hauptaufgabe der einzelnen Verbände,** genauer der Fachverbände, besteht darin, ein gemeinsames Vorgehen seiner Mitglieder (d. h. der einzelnen Unternehmen) auf sozialpolitischem Gebiet zu gewährleisten, insbesondere beim Abschluß von Tarifverträgen mit den jeweils dafür zuständigen Gewerkschaften[5]).

Das **Aufgabengebiet der Bundesvereinigung** liegt dagegen einmal in der Beratung ihrer Mitglieder (die einzelnen Arbeitgeberverbände) auf sozial- und tarifpolitischem Gebiet und zum anderen darin, stärker als die einzelnen Mitgliederverbände auf politische Entscheidungszentren Einfluß zu nehmen.

Wie die folgende Abbildung zeigt, ist die Bundesvereinigung ein Zusammenschluß von Fachverbänden und Landesverbänden. Die F a c h v e r b ä n d e, die nach einzelnen Wirtschaftszweigen gegliedert sind, sind ihrerseits Spitzenorganisationen der Landesfachverbände, in denen sich Arbeitgeber einer bestimmten Branche eines Landes zusammengeschlossen haben. Diese Landesfachverbände sind in der Regel die Tarifpartner der Gewerkschaften bei Tarifverhandlungen; bei bundesweiten Tarifabschlüssen sind es die Fachverbände.

5) Die Mitglieder der Bundesvereinigung sind auf tarifpolitischem Gebiet selbständig; d. h., der Spitzenverband darf die Handlungsfreiheit der jeweiligen Arbeitgeberverbände bei Tarifverhandlungen nicht durch irgendwelche Maßnahmen einschränken, es ist der Bundesvereinigung aber unbenommen, Vorschläge auf diesem Gebiet zu machen.

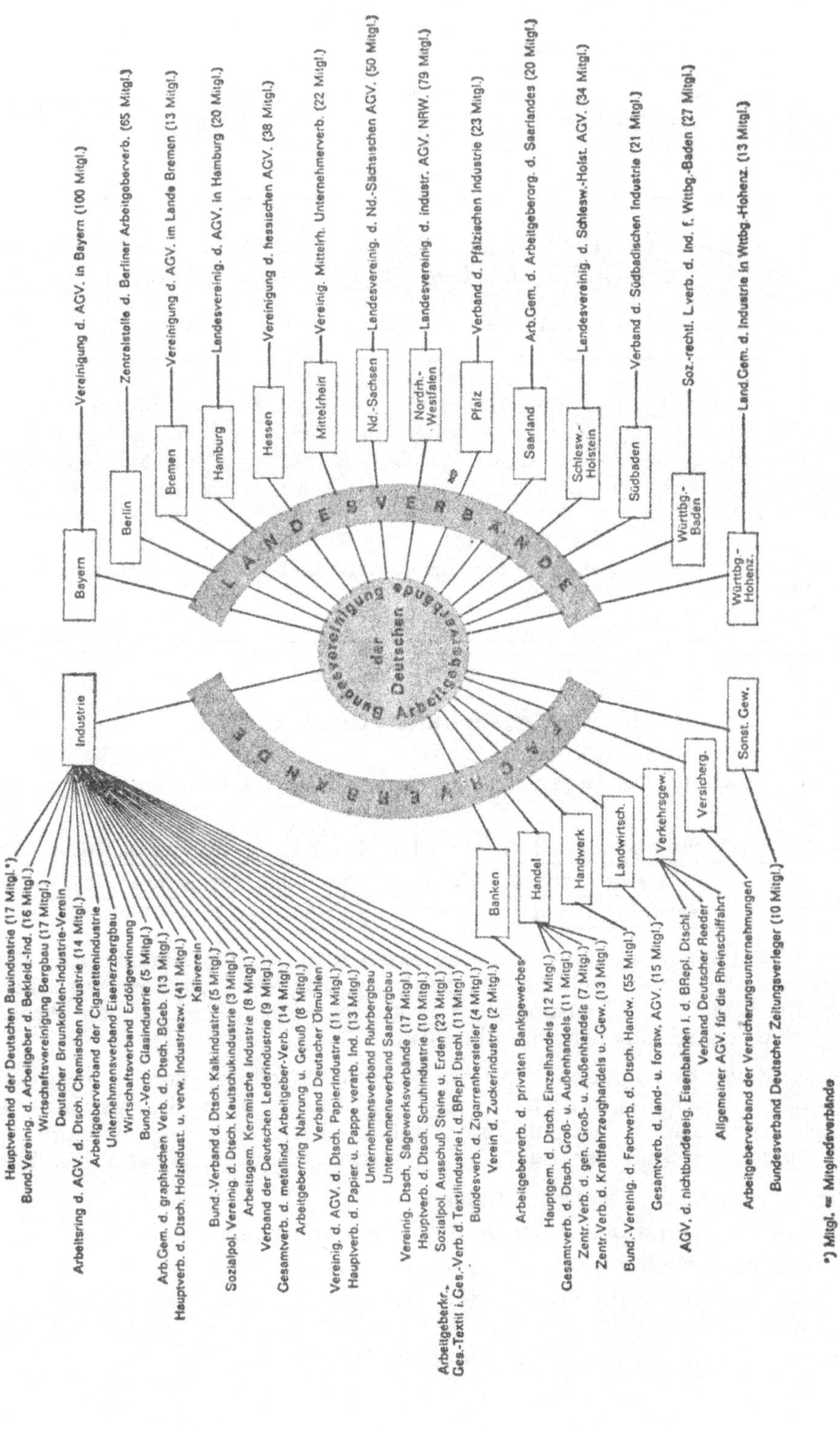
Bundesvereinigung der Deutschen Arbeitgeberverbände
LANDESVERBÄNDE
FACHVERBÄNDE
Bayern
Vereinigung d. AGV. in Bayern (100 Mitgl.)
Berlin
Zentralstelle d. Berliner Arbeitgeberverb. (65 Mitgl.)
Bremen
Vereinigung d. AGV. im Lande Bremen (13 Mitgl.)
Hamburg
Landesvereinig. d. AGV. in Hamburg (20 Mitgl.)
Hessen
Vereinigung d. hessischen AGV. (38 Mitgl.)
Mittelrhein
Vereinig. Mittelrh. Unternehmerverb. (22 Mitgl.)
Nd.-Sachsen
Landesvereinig. d. Nd.-Sächsischen AGV. (50 Mitgl.)
Nordrh.-Westfalen
Landesvereinig. d. industr. AGV. NRW. (79 Mitgl.)
Pfalz
Verband d. Pfälzischen Industrie (23 Mitgl.)
Saarland
Arb.Gem. d. Arbeitgeberorg. d. Saarlandes (20 Mitgl.)
Schlesw.-Holstein
Landesvereinig. d. Schlesw.-Holst. AGV. (34 Mitgl.)
Südbaden
Verband d. Südbadischen Industrie (21 Mitgl.)
Württbg.-Baden
Soz.-rechtl. L.verb. d. Ind. f. Wttbg.-Baden (27 Mitgl.)
Württbg.-Hohenz.
Land.Gem. d. Industrie in Wttbg.-Hohenz. (13 Mitgl.)
Industrie
Hauptverband der Deutschen Bauindustrie (17 Mitgl.*)
Bund.Vereinig. d. Arbeitgeber d. Bekleid.-Ind. (16 Mitgl.)
Wirtschaftsvereinigung Bergbau (17 Mitgl.)
Deutscher Braunkohlen-Industrie-Verein
Arbeitsring d. AGV. d. Dtsch. Chemischen Industrie (14 Mitgl.)
Arbeitgeberverband der Cigarettenindustrie
Unternehmensverband Eisenerzbergbau
Wirtschaftsverband Erdölgewinnung
Bund.-Verb. Glasindustrie (5 Mitgl.)
Arb.Gem. d. graphischen Verb. d. Dtsch. BGeb. (13 Mitgl.)
Hauptverb. d. Dtsch. Holzindust. u. verw. Industriezw. (41 Mitgl.)
Kaliverein
Bund.-Verband d. Dtsch. Kalkindustrie (5 Mitgl.)
Sozialpol. Vereinig. d. Dtsch. Kautschukindustrie (3 Mitgl.)
Arbeitsgem. Keramische Industrie (8 Mitgl.)
Verband der Deutschen Lederindustrie (9 Mitgl.)
Gesamtverb. d. metallind. Arbeitgeber-Verb. (14 Mitgl.)
Arbeitgeberring Nahrung u. Genuß (8 Mitgl.)
Verband Deutscher Ölmühlen
Vereinig. d. AGV. d. Dtsch. Papierindustrie (11 Mitgl.)
Hauptverb. d. Papier u. Pappe verarb. Ind. (13 Mitgl.)
Unternehmensverband Ruhrbergbau
Unternehmensverband Saarbergbau
Vereinig. Dtsch. Sägewerksverbände (17 Mitgl.)
Hauptverb. d. Dtsch. Schuhindustrie (10 Mitgl.)
Sozialpol. Ausschuß Steine u. Erden (23 Mitgl.)
Arbeitgeberkr.-Ges.-Textil i.Ges.-Verb. d. Textilindustrie i. d. BRepl. Dtschl. (11 Mitgl.)
Bundesverb. d. Zigarrenhersteller (4 Mitgl.)
Verein d. Zuckerindustrie (2 Mitgl.)
Banken
Arbeitgeberverb. d. privaten Bankgewerbes
Handel
Hauptgem. d. Dtsch. Einzelhandels (12 Mitgl.)
Gesamtverb. d. Dtsch. Groß- u. Außenhandels (11 Mitgl.)
Zentr.Verb. d. gen. Groß- u. Außenhandels (7 Mitgl.)
Zentr.Verb. d. Kraftfahrzeughandels u. -Gew. (13 Mitgl.)
Handwerk
Bund.-Vereinig. d. Fachverb. d. Dtsch. Handw. (55 Mitgl.)
Landwirtsch.
Gesamtverb. d. land- u. forstw. AGV. (15 Mitgl.)
Verkehrsgew.
AGV. d. nichtbundeseig. Eisenbahnen i. d. BRepl. Dtschl.
Verband Deutscher Reeder
Allgemeiner AGV. für die Rheinschiffahrt
Versicherg.
Arbeitgeberverband der Versicherungsunternehmungen
Sonst. Gew.
Bundesverband Deutscher Zeitungsverleger (10 Mitgl.)
*) Mitgl. = Mitgliedsverbände

Beispiel:

> Der Bundesverband Deutscher Zeitungsverleger schließt mit der IG Druck und Papier einen Tarifvertrag für die Drucker ab, der bundesweite Geltung hat.

Die Landesverbände, wobei Land nicht gleichbedeutend mit Bundesland ist, sind Zusammenschlüsse der Landesfachverbände eines Landes.

An einem **Beispiel** soll dieser Aufbau noch einmal verdeutlicht werden:

> Ein Unternehmen der Metallindustrie in Bayern kann Mitglied des Arbeitgeberverbandes der bayerischen Metallindustrie (Landesfachverband) werden. Dieser Arbeitgeberverband ist nun einerseits Mitglied der Vereinigung der Arbeitgeberverbände in Bayern (Landesverband) und andererseits Mitglied des Gesamtverbandes der metallindustriellen Arbeitgeberverbände (Fachverband). Diese Verbände sind nun wiederum in der Bundesvereinigung der deutschen Arbeitgeberverbände zusammengeschlossen.

II. Die Wirtschaftsfachverbände

Zur Verdeutlichung des Gegenstandsbereichs soll eine Definition vorangestellt werden:

Wirtschaftsfachverbände sind freiwillige Zusammenschlüsse von Unternehmen eines bestimmten Wirtschaftsbereichs, deren wirtschaftliche Interessen die Grundlage der Verbandstätigkeit bilden.

Mit dem Terminus „freiwillig“ soll eine Abgrenzung zu den Kammern erreicht werden, auf die später noch eingegangen wird. Die Wahrung der „wirtschaftlichen Interessen“ als Verbandszweck zeigt den Unterschied zu den Arbeitgeberverbänden (sozialpolitische Interessen).

Um einen Eindruck von der Vielfalt der Wirtschaftsfachverbände zu vermitteln, seien hier nur die Spitzenorganisationen der Wirtschaftsverbände genannt, die gemeinsam mit der BDA und den Kammern den Gemeinschaftsausschuß der Deutschen gewerkschaftlichen Wirtschaft bilden:

— Bundesverband der Deutschen Industrie
— Bundesverband des Deutschen Groß- und Außenhandels
— Hauptgemeinschaft des Deutschen Einzelhandels
— Centralvereinigung deutscher Handelsvertreter- und Handelsmaklerverbände
— Zentralverband des Straßenverkehrsgewerbes

— Zentralverband der deutschen Seehafenbetriebe
— Verband deutscher Reeder
— Deutscher Hotel- und Gaststättenverband
— Bundesvereinigung der Fachverbände des deutschen Handwerkes
— Deutscher Sparkassen- und Giroverband
— Bundesverband deutscher Banken
— Gesamtverband der Versicherungswirtschaft

Aufgabe und Organisation der Wirtschaftsfachverbände sollen im folgenden an Hand der Industrieverbände, den wohl wichtigsten Wirtschaftsfachverbänden in der Bundesrepublik, näher beleuchtet werden. Als Verbandsaufgabe wird in fast allen Satzungen die Wahrung und Förderung der gemeinsamen wirtschaftlichen und fachlichen Interessen der Mitglieder genannt. Die inhaltliche Konkretisierung dieser Aufgaben ist kaum vollständig durchführbar, da die Aufgabengebiete äußerst vielfältig sind. Es können jedoch Schwerpunktbereiche genannt werden[6]):

— Wirtschaftspolitik und Gesetzgebung in der Bundesrepublik
— Supranationale Politik und Verbände
— Außenhandel und sonstige Außenwirtschaft
— Volkswirtschaft
— Marktforschung
— Wettbewerbspolitik
— Marktordnung
— Betriebswirtschaft
— Kostenverhältnisse
— Recht; Steuern
— Rohstoffe und Beschaffungswesen
— Technische Arbeiten; Normen und Vorschriftenwesen

Im Rahmen dieser Arbeitsgebiete nehmen die Verbände Informations- und Beratungsfunktionen gegenüber ihren Mitgliedern wahr. Nach außen vertreten die Verbände die Mitgliederinteressen gegenüber staatlichen Organen, anderen Verbänden und der Öffentlichkeit.

Dem Bundesverband der deutschen Industrie kommt dabei noch die Aufgabe zu, intern für einen Interessenausgleich und eine gemeinsame Willensbildung zu sorgen, was wegen der teilweise recht unterschiedlichen Interessen der einzelnen Mitgliederverbände äußerst schwierig ist.

Der Bundesverband der deutschen Industrie (BDI) ist die Dachorganisation von 39 Wirtschaftsfachverbänden der Industrie und, soweit es überfachliche Zusammenschlüsse der Industrie auf Länderebene gibt, auch dieser Landesvertretungen. Die Aufgaben des BDI entsprechen weitgehend denen seiner Mitgliedsver-

---

6) Die folgende Zusammenstellung ist übernommen aus: Huppert, W. Die Industrieverbände, Berlin 1973, S. 45.

bände, wobei allerdings, wie oben erwähnt, großes Gewicht auf eine interne Interessenabstimmung gelegt werden muß, da es um die gemeinsamen Belange aller in ihm zusammengeschlossenen Industrieverbände geht.

III. Die Industrie- und Handelskammern (IHK)

Die Industrie- und Handelskammern sind ebenso wie die Handwerkskammern Zwangsverbände, d. h., die Mitgliedschaft ist obligatorisch. Insofern unterscheiden sie sich von den anderen Unternehmensverbänden; darüber hinaus sind Kammern Körperschaften des öffentlichen Rechts, die als solche der staatlichen Aufsicht unterworfen sind.

Damit ist ein weiteres Unterscheidungsmerkmal angesprochen: Kammern entstehen durch einen staatlichen Hoheitsakt (ihre Einrichtung obliegt allein den jeweiligen Landesregierungen) und nicht wie die übrigen Verbände als freiwillige Zusammenschlüsse einzelner Unternehmungen.

Mitglieder einer IHK sind alle Unternehmen, die im Bezirk dieser IHK eine gewerbliche Niederlassung, Betriebsstätte oder Verkaufsstelle unterhalten. Sie müssen Beiträge an die Kammern entrichten, damit die Kosten der Errichtung und Tätigkeit der IHK gedeckt sind. Kraft Gesetz sind auch die Aufgaben der Industrie- und Handelskammern geregelt. Im Gesetz zur vorläufigen Regelung des Rechts der Industrie- und Handelskammern vom 18. 12. 1956 heißt es dazu:

§ 1 (1) Die IHK haben die Aufgabe, das Gesamtinteresse der ihnen zugehörigen Gewerbetreibenden ihres Bezirkes wahrzunehmen ... Ihnen obliegt es insbesondere, die Behörden durch Vorschläge, Gutachten und Berichte zu unterstützen.

(2) Die IHK können ... Maßnahmen zur Förderung und Durchführung der Berufsbildung unter Beachtung der geltenden Rechtsvorschriften, insbesondere des Berufsbildungsgesetzes, treffen.

(3) Den IHK obliegt die Ausstellung von Ursprungszeugnissen und anderen dem Wirtschaftsverkehr dienenden Bescheinigungen, soweit diese Aufgaben nicht anderen Stellen zugewiesen sind.

Aus der Zusammenstellung ist zu ersehen, daß die IHK teilweise genau definierte staatliche Aufgaben wahrnimmt und andererseits aber bei der Ausführung ihrer übrigen Aufgaben relativ großen Gestaltungsspielraum hat.

Die Industrie- und Handelskammern haben sich im **Deutschen Industrie- und Handelstag (DIHT)** zusammengeschlossen, der im Gegensatz zu der IHK durch freiwilligen Entschluß seiner Mitglieder entstanden ist und deshalb nicht dem IHK-Gesetz unterliegt. Der recht allgemein gehaltene Passus „Wahrung des Gesamtinteresses der Gewerbetreibenden“, der auch Rahmen für die Aufgaben des DIHT ist, bringt es mit sich, daß eine Abgrenzung des DIHT von Dachorganisationen der Wirtschaftsfachverbände (z. B. dem BDI) nach Aufgabenbereichen schlecht möglich ist. Dadurch kann es bei gleichen überfachlichen Fragen zu unterschiedlichen Stellungnahmen in den Verbänden kommen, was eine

Orientierung für die Unternehmen, die Mitglied in den Mitgliedsverbänden beider Spitzenorganisationen sind, wesentlich erschwert.

Fragen:

3. Welche Aufgaben werden von den verschiedenen Unternehmungsverbänden wahrgenommen?
4. Worin zeigt sich die Sonderstellung der IHK gegenüber den beiden anderen Verbänden der Unternehmungen?

C. Arbeitnehmerverbände

Lernziel:

Nachdem Sie dieses Kapitel durchgearbeitet haben, sollten Sie wissen,
— was eine Gewerkschaft ist sowie
— den Aufbau des DGB in Grundzügen kennen.

Die wichtigsten Arbeitnehmerverbände in der Bundesrepublik sind die Gewerkschaften, während die Arbeitnehmerkammern nur eine recht geringe Bedeutung haben; Arbeitnehmerkammern[7]) gibt es in der Bundesrepublik nur in Bremen und im Saarland. Die Aufgabe dieser Kammern besteht darin, wirtschaftliche, soziale und kulturelle Belange der Arbeitnehmer unter Berücksichtigung der Interessen der übrigen Bevölkerung zu fördern. Von daher stehen die Arbeitnehmerkammern in Konkurrenz zu den Gewerkschaften, deren Spitzenorganisationen die Verfassungsrechtlichkeit der Arbeitnehmerkammern anzweifelte. Das Bundesverfassungsgericht hat jedoch die Frage nach der Verfassungsrechtlichkeit des Zwangsverbandes „Arbeitnehmerkammer" bejaht. Ebenso kann man zu dem Schluß kommen, daß die Arbeitnehmerkammern neben den Gewerkschaften nicht überflüssig sind, da sie die Interessen der Arbeitnehmer in Abstimmung mit dem Allgemeininteresse fördern.

Die Gewerkschaften

Gewerkschaften sind freiwillige Zusammenschlüsse von Arbeitnehmern, die als Ziel die Vertretung ihrer gemeinsamen Interessen, insbesondere auf sozialpolitischem Gebiet haben[8]).

Sie stehen ebenso wie die Arbeitgeberverbände unter dem Schutz des Grundgesetzes, da Art. 9 (3) GG lautet: Das Recht, zur Wahrung und Förderung der Arbeits- und Wirtschaftsbedingungen Vereinigungen zu bilden, ist für jedermann und für alle Berufe gewährleistet (Positives Koalitionsrecht). Zur Verdeutlichung des Begriffs Gewerkschaft werden noch **Merkmale** herangezogen, die mit das Wesen dieser Arbeitnehmerorganisationen bestimmen:

- **Gegnerfreiheit**

  Diese Bedingung besagt, daß Mitglieder von Gewerkschaften nur Arbeitnehmer sein können. Sobald auch Arbeitgeber (-Gegner-)Mitglieder sein könnten, wäre es nicht mehr zulässig, von Gewerkschaften zu sprechen.

- **Unabhängigkeit**

  Gewerkschaften müssen vom Staat unabhängig sein, um die Interessen ihrer Mitglieder wirksam vertreten zu können.

---

7) Die Arbeitnehmerkammern sind ebenso wie die IHK öffentlich-rechtliche Verbände mit Zwangsmitgliedschaft der in dem Land lebenden Arbeiter und Angestellten.

8) Zur genaueren Darstellung gewerkschaftlicher Ziele vgl. den Beitrag „Die Geschichte der Sozialpartner", S. 34 ff.

Der Zusammenschluß von Arbeitnehmern zu einer Gewerkschaft kann nach dem Industrieverbandsprinzip oder Berufsverbandsprinzip erfolgen. Im ersten Fall schließen sich Arbeitnehmer einer bestimmten Branche, im Extremfall eines Betriebes, zusammen; im zweiten Fall Arbeitnehmer eines bestimmten Fachbereiches (z. B. Marburger Bund: Gewerkschaft angestellter Ärzte). Der DGB, der größte Gewerkschaftsverband, ist nach dem Industrieverbandsprinzip gegliedert, während die Deutsche Angestellten Gewerkschaft (DAG) und der Deutsche Beamtenbund (DBB) als Berufsverbände entstanden sind.

Struktur und Organisation von Gewerkschaften sollen im folgenden am Beispiel des DGB gezeigt werden (vgl. die Abbildung S. 16/17).

Der DGB und die in ihm zusammengeschlossenen Einzelgewerkschaften sind auf demokratischen Prinzipien, nach dem Grundsatz gleichberechtigter Teilnahme aller Mitglieder an der Willensbildung des Verbandes und der Bestellung seiner Vertrauensleute, Funktionäre und Organe aufgebaut.

Die unterste organisatorische Einheit der Einzelgewerkschaften ist die Ortsverwaltung (z. T. als Verwaltungsstelle bezeichnet). Ihr Vorstand wird von der Mitgliederversammlung gewählt, wobei die ehrenamtlich tätigen Funktionäre die Mehrheit im Vorstand bilden müssen. Die nächsthöheren Organe sind die Landesbezirksleitungen, deren Vorstände jeweils von Delegierten gewählt werden. Oberste Organe sind die Hauptvorstände der Einzelgewerkschaften, die alle 3 Jahre auf „Gewerkschaftstagen" gewählt werden.

Ähnlich wie die Einzelgewerkschaft ist auch der DGB aufgebaut. Hier sind die untersten Organe die Kreisverwaltungen. Ihre Aufgabe ist wie die der nächsthöheren Ebene, der DGB-Landesbezirke, die Vertretung des Bundes auf der jeweiligen Ebene unter Beachtung der Weisungen des Bundesvorstandes. Die Organe des Bundes sind der Bundeskongreß, Bundesausschuß, Bundesvorstand und die Revisionskommission. Die Aufgaben des Bundeskongresses, der als höchste Instanz alle drei Jahre einzuberufen ist, sind vor allem die Festlegung der Gewerkschaftspolitik, die Beschlußfassung über Satzungsänderungen und eingebrachte Anträge sowie die Wahl des Bundesvorstandes. Der Bundeskongreß setzt sich aus Delegierten der 16 Einzelgewerkschaften zusammen, wobei die Mitgliederstärke dieser Gewerkschaften die Zusammensetzung bestimmt. Für die Zeit zwischen zwei Bundeskongressen ist der Bundesausschuß das höchste Organ, der sich aus Vorstandsmitgliedern der Einzelgewerkschaften, den Mitgliedern des Bundesvorstandes und den Landesvorsitzenden zusammensetzt. Er hat in erster Linie zu gewerkschaftlichen Fragen Stellung zu nehmen und den Haushalt des Bundes zu beschließen. Der Bundesvorstand hat die Einhaltung der Satzung zu überwachen und für eine gute Zusammenarbeit der Einzelgewerkschaften zu sorgen. Die hauptamtlichen Mitglieder dieses Vorstandes bilden den geschäftsführenden Bundesvorstand, der mit der Geschäftsführung des DGB beauftragt ist. Die Revisionskommission ist für die Überwachung der Kassenführung sowie zur Prüfung der Jahresabrechnung verantwortlich.

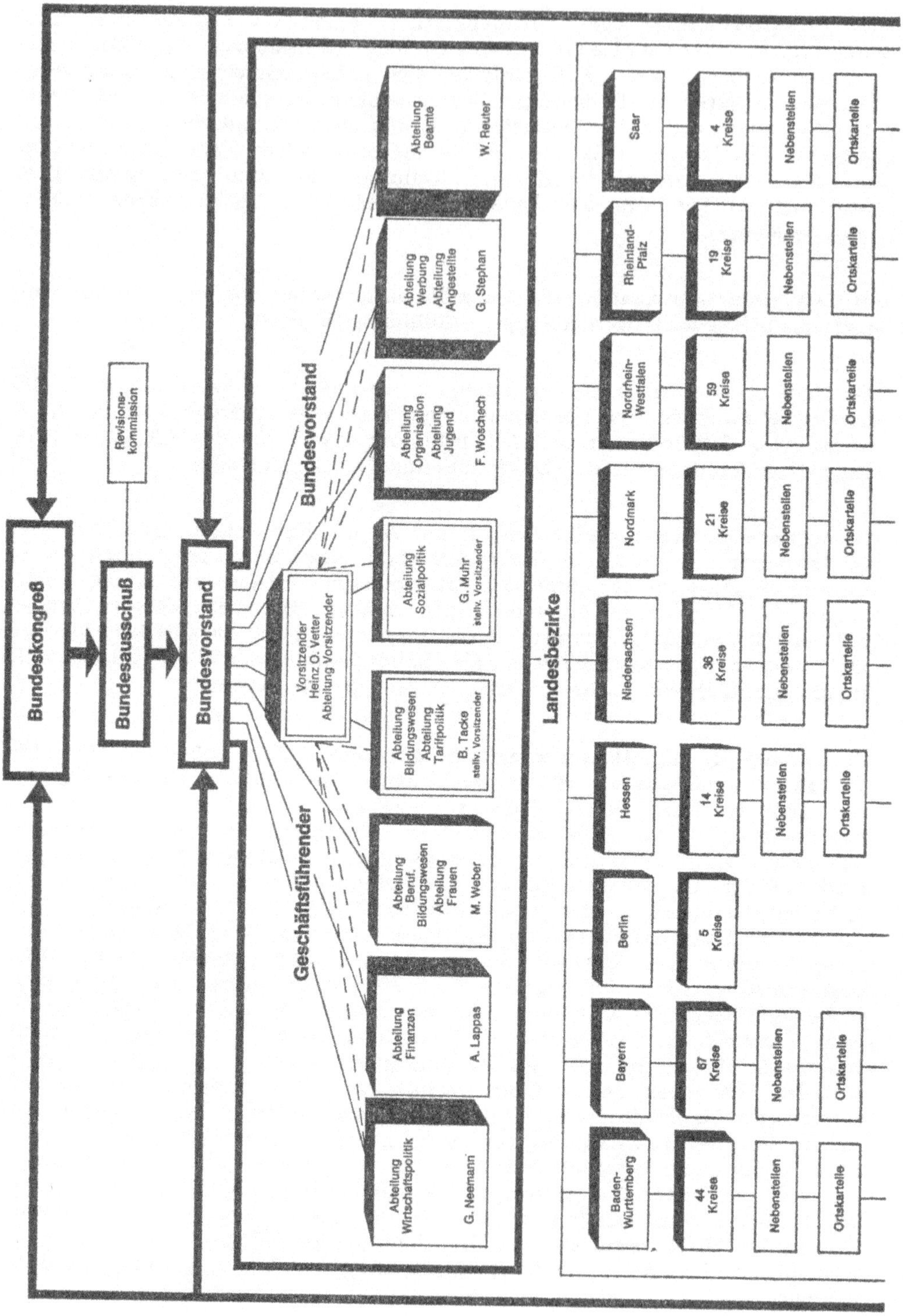
Bundeskongreß
Revisions-kommission
Bundesausschuß
Bundesvorstand
Geschäftsführender Bundesvorstand
Vorsitzender Heinz O. Vetter Abteilung Vorsitzender
Abteilung Wirtschaftspolitik G. Neemann
Abteilung Finanzen A. Lappas
Abteilung Beruf. Bildungswesen Abteilung Frauen M. Weber
Abteilung Bildungswesen Abteilung Tarifpolitik B. Tacke stellv. Vorsitzender
Abteilung Sozialpolitik G. Muhr stellv. Vorsitzender
Abteilung Organisation Abteilung Jugend F. Woschech
Abteilung Werbung Abteilung Angestellte G. Stephan
Abteilung Beamte W. Reuter
Landesbezirke
Baden-Württemberg
44 Kreise
Bayern
67 Kreise
Berlin
5 Kreise
Hessen
14 Kreise
Niedersachsen
36 Kreise
Nordmark
21 Kreise
Nordrhein-Westfalen
59 Kreise
Rheinland-Pfalz
19 Kreise
Saar
4 Kreise
Nebenstellen
Ortskartelle

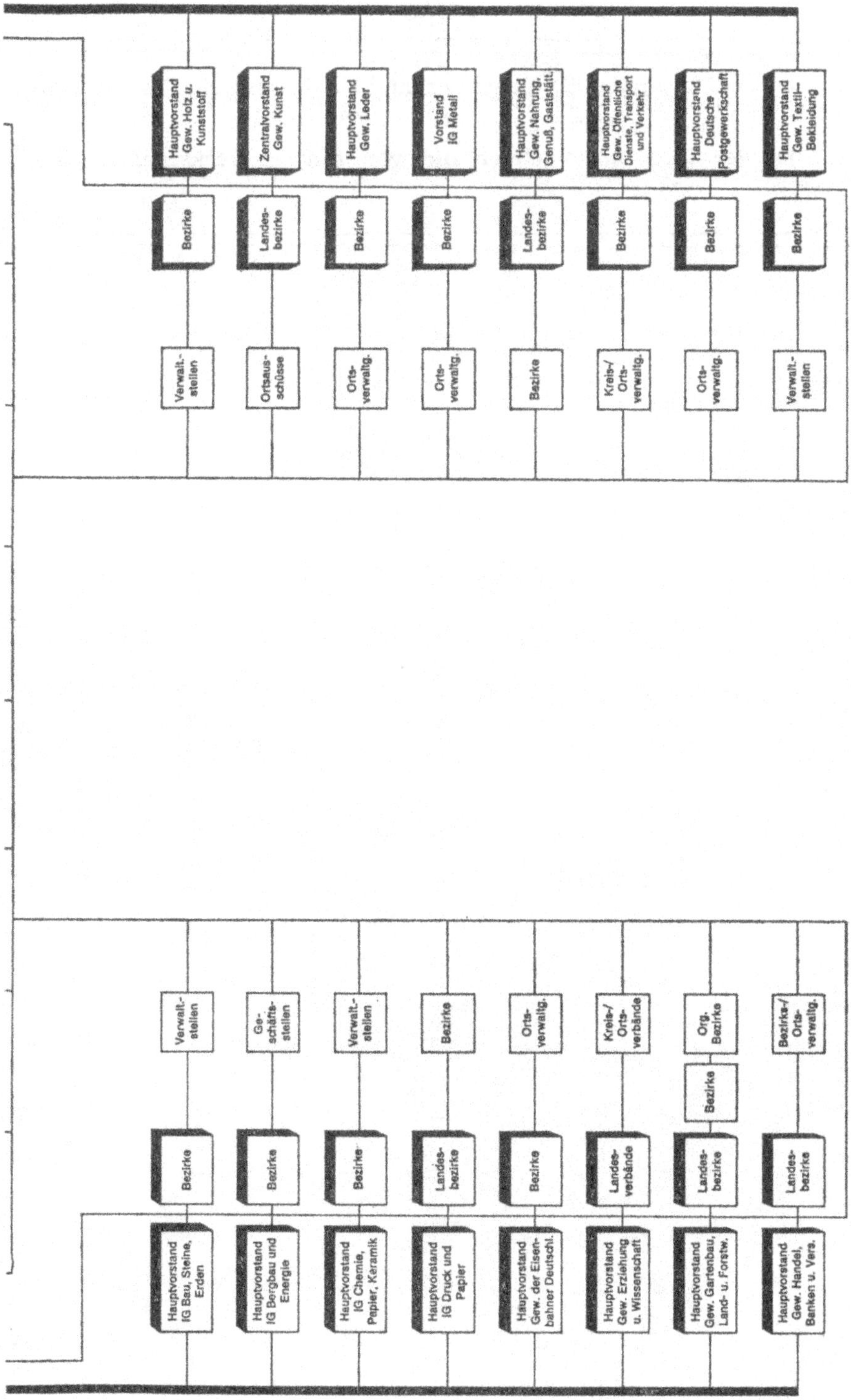

Der Aufbau des Deutschen Gewerkschaftsbundes

Fragen:

5. Nennen Sie Merkmale, die einen Verband als Gewerkschaft kennzeichnen können!
6. Wie ist der DGB als Dachverband von Einzelgewerkschaften aufgebaut?

D. Die Verbraucherverbände

Lernziel:

> Nachdem Sie dieses Kapitel durchgearbeitet haben, sollten Sie Ziele und Aufgaben von Verbraucherverbänden nennen können.

Die Verbraucherverbände in der Bundesrepublik weisen eine Besonderheit auf, die zugleich einen Hinweis auf ein bedeutendes Problem ihrer Verbandsarbeit[9]) gibt. Diejenigen Verbände, die den Terminus „Verbraucher" in ihrem Verbandsnamen tragen, sind nämlich zum überwiegenden Teil keine Zusammenschlüsse einzelner Verbraucher, sondern Verbände von Verbänden, für die Verbraucherschutz und -aufklärung nur a u c h ein Ziel ist. So sind beispielsweise in der Arbeitsgemeinschaft der Verbraucher der Zentralverband der katholischen Frauen- und Muttergemeinschaften und der Bund der Vertriebenen als Mitglieder vertreten.

Trotzdem herrscht weitgehend Einigkeit darüber, was die **Ziele der Verbraucherverbände** betrifft:

1. Stärkung der Stellung der Verbraucher auf dem Markt, wo sie als Nachfrager nach Produkten und Dienstleistungen auftreten.
2. Stärkerer Einfluß auf den Prozeß der politischen Willensbildung, um eine zunehmende Orientierung politischen Handelns am Konsumenteninteresse zu erreichen.

Die konkreten **Aufgaben der Verbraucherverbände** enthalten deshalb in erster Linie Informationen und Beratungen der Verbraucher; daneben wird auch an Gesetzentwürfen und Verordnungen mitgearbeitet, soweit sie das Verbraucherinteresse tangieren.

Die wichtigsten Verbraucherorganisationen in der Bundesrepublik sind die Verbraucherzentralen und die Arbeitsgemeinschaft der Verbraucher.

Die **Verbraucherzentralen** sind Zusammenschlüsse von „verbraucherorientierten" Verbänden, wobei sie allerdings hauptsächlich aus staatlichen Zuwendungen finanziert werden. Die in sämtlichen Bundesländern vertretenen Verbraucherzentralen sehen ihre Hauptaufgabe in der Beratung der Konsumenten über Einkommensverwendung und über Verwendung und Pflege wichtiger Konsumgüter.

Die **Arbeitsgemeinschaft der Verbraucher** ist ebenfalls ein Zusammenschluß von Verbänden, die an Verbraucherfragen interessiert sind; auch ihre Arbeit wird

9) Hiermit ist das Problem der Organisierbarkeit von Konsumenten angesprochen. Von vielen Autoren wird bezweifelt, daß es ein einheitliches Verbraucherinteresse geben kann. Als Gründe werden genannt: soziale Unterschiede der Konsumenten; die Stellung der Konsumenten, die zu einem großen Teil eben auch Produzenten seien.

durch finanzielle Mittel des Staates gefördert. In ihrer Satzung sind zwei Aufgabenbereiche genannt:

- Verbraucherpolitik und Verbrauchervertretung,
- Verbraucherberatung und Verbraucherinformation.

Die Verbraucherverbände bemühen sich zwar, die selbstgestellten Aufgaben zu erfüllen; ihre Ziele haben sie jedoch erst in recht bescheidenem Umfang erreicht.

Frage:

7. Welche längerfristigen Ziele verfolgen die Verbraucherverbände, und worauf erstrecken sich ihre konkreten Aufgaben?

Antworten zu den Fragen

1. Verbände sind Zusammenschlüsse von Einzelpersonen und/oder juristischer Personen mit dem Ziel, die Interessen der Mitglieder zu vertreten. Als weitere Merkmale müssen dazukommen: eine feste Organisationsform und Normen für das Verhalten der Mitglieder in den Bereichen, die die Verbandsarbeit tangieren.

2. Als generelle Funktionen können genannt werden:
   - Artikulation der Interessen einzelner Bevölkerungsgruppen:
   - Einflußnahme auf politische Entscheidungszentren wie Parlament, Regierung und Verwaltung;
   - interne Zielfindung innerhalb des Verbandes und Abstimmung der Verbandsinteressen mit denen anderer Verbände.

   Der Einfluß der Verbände auf den politischen Entscheidungsprozeß läßt sich folgendermaßen erklären. Durch die Artikulation der Interessen erleichtern sie die politische Entscheidungsfindung, indem sie den Politikern Informationen zukommen lassen. Sie erleichtern die Entscheidung aber auch dadurch, daß sie die Verbandsinteressen mit denen anderer Verbände abstimmen. Andererseits stellen sie als Verbände auch einen Machtfaktor dar, auf den die Politiker Rücksicht nehmen müssen.

3. Das Aufgabengebiet der Arbeitgeberverbände erstreckt sich auf den Bereich der sozialpolitischen Belange der Arbeitgeber; hervorzuheben sind dabei die Verhandlungen dieser Verbände mit den Gewerkschaften im Rahmen der Tarifautonomie. Die Aufgaben der Wirtschaftsfachverbände enthalten die Wahrung der wirtschaftlichen Interessen von Unternehmungen eines bestimmten Wirtschaftszweiges; die gesetzlich geregelten IHK-Aufgaben können mit der „Wahrung des Gesamtinteresses der Gewerbetreibenden" ihres Bezirkes beschrieben werden.

4. Die Sonderstellung der IHK gegenüber den übrigen Unternehmungsverbänden ergibt sich aus ihrer rechtlichen Stellung. Kammern sind Körperschaften des öffentlichen Rechts und damit staatlicher Aufsicht unterworfen. Als Kammern sind sie Zwangsverbände, d. h., die Unternehmen ihres Bezirkes müssen Mitglieder der IHK werden. Eine weitere Besonderheit ergibt sich daraus, daß Kammern nicht als freiwillige Zusammenschlüsse einzelner Unternehmen errichtet werden, sondern nur durch einen staatlichen Hoheitsakt.

5. Merkmale, die einen Verband als Gewerkschaften kennzeichnen, sind:
   - Freiwilliger Zusammenschluß von Arbeitnehmern.
   - Das Ziel dieses Verbandes ist die Vertretung ihrer gemeinsamen Interessen, insbesondere ihrer Interessen als Arbeitnehmer.
   - Gegnerfreiheit (Arbeitgeber können nicht Mitglieder einer Gewerkschaft sein).
   - Unabhängigkeit vom Staat.

6. Der DGB ist nach dem Industrieverbandsprinzip aufgebaut. Dabei ist der organisatorische Aufbau des DGB ähnlich dem der in ihm zusammengeschlossenen Einzelgewerkschaften. Die Ebenen von unten nach oben sind die Kreisverwaltungen, Landesbezirke und die Bundesebene. Auf Bundesebene bestehen die Organe Bundeskongreß, Bundesausschuß, Bundesvorstand und Revisionskommission. Dabei ist der Bundeskongreß das wichtigste Organ, da hier die gewerkschaftlichen Richtlinien festgelegt werden. Die Einzelgewerkschaften entsenden in diesen Kongreß je nach Mitgliederstärke Delegierte.

7. Längerfristige Ziele der Verbraucherverbände sind die Stärkung der Stellung der Verbraucher auf dem Markt und die Stärkung des Einflusses der Verbraucher auf den Prozeß der politischen Willensbildung.

   Konkrete Aufgaben der Verbraucherverbände sind Information und Beratung der Verbraucher und die Mitarbeit an Gesetzesentwürfen und Verordnungen.

Literaturverzeichnis

Breitling, Rupert: Die Verbände in der Bundesrepublik, Meisenheim am Glan 1955.

v. Braunschweig, C.: Der Konsument und seine Vertretung, Heidelberg 1965.

Floretta, H: Arbeitnehmerkammern, im Handwörterbuch des Personalwesens, hrsg. v. E. Gaugler, Stuttgart 1975, Sp. 118—122.

Huppert, W.: Industrieverbände, Berlin 1973.

Schneider, H.: Die Interessenverbände, München 1965.

Schuster, D.: Die deutschen Gewerkschaften seit 1945, Stuttgart, Berlin, Köln, Mainz 1973.

Uthmann, K. u. v. Wolff-Metternich, H.: Der Bundesverband der deutschen Industrie.

Varain, H. J.: Interessenverbände in Deutschland, Köln 1973.

o. V.: Informationen zur politischen Bildung 145: Interessenverbände in der Bundesrepublik Deutschland, hrsg. v. Bundeszentrale für politische Bildung, Bonn 1974.

GPSR Compliance
The European Union's (EU) General Product Safety Regulation (GPSR) is a set of rules that requires consumer products to be safe and our obligations to ensure this.

If you have any concerns about our products, you can contact us on

ProductSafety@springernature.com

In case Publisher is established outside the EU, the EU authorized representative is:

Springer Nature Customer Service Center GmbH
Europaplatz 3
69115 Heidelberg, Germany

www.ingramcontent.com/pod-product-compliance
Lightning Source LLC
LaVergne TN
LVHW082055051026
849532LV00011B/3600
* 9 7 8 3 4 0 9 6 0 3 9 1 1 *